DIALOGUE
ENTRE
VOLTAIRE
ET
ROUSSEAU,
APRÈS LEUR PASSAGE DU STYX.

A GENÈVE,

Et se trouve à PARIS,

Chez { Onfroy, Libraire, Quai des Augustins.
Esprit, Libraire, au Palais-Royal.
Et chez tous les Libraires qui vendent les Nouveautés.

―――――――――――――――――
M. DCC. LXXVIII.

DIALOGUE
ENTRE
VOLTAIRE ET ROUSSEAU,
APRÈS LEUR PASSAGE DU STYX.

VOLTAIRE.

EH ! quoi, vous voilà, M. Rousseau !

ROUSSEAU.

Pourquoi ne m'appelez-vous donc plus Jean-Jacques ?

VOLTAIRE.

Les noms de Baptême ne sont pas en usage dans ce pays : ici l'on n'a plus besoin de rémunération.

ROUSSEAU.

Comment êtes-vous jugé ?

VOLTAIRE.

Je ne le suis point encore : on prétend que je serai condamné à douter toute l'éternité ; c'est un horrible supplice.

ROUSSEAU.

Il vous puniroit moins qu'un autre : vous n'avez jamais eu une idée fixe ; vous n'avez jamais affirmé qu'il y eût un Dieu dispensateur de bienfaits & de peines éternelles ; vous en faisiez un Être indifférent ; vous insinuiez que la conscience finit avec l'homme ; vous n'avez jamais assuré que l'âme étoit indestructible : on ne savoit pas si vous craigniez l'Être des êtres, si vous espériez en lui ; vous vous efforciez à raisonner sur son essence, sans avoir un sentiment stable.

VOLTAIRE.

Il me semble que vous avez dit à-peu-près comme moi. Nous sommes tous d'accord, nous autres; & vous n'avez paru différer d'avec nous, que par la bizarrerie de vos paradoxes, la singularité de vos pensées, & le caractère original de vos expressions. Convenez que votre but a été de ne pas paroître un homme comme un autre?

ROUSSEAU.

Que n'ai-je été le singe de l'homme tel qu'il devroit être, tel que je voudrois qu'il fût! Ah! M. de Voltaire, sans ces Arts corrupteurs, ces Sciences incertaines, ces Sociétés si mal constituées, ces Loix si incohérentes, il eût été encore possible d'en faire quelque chose. Mais l'espèce est abâtardie : il n'y a plus d'homme de race.

VOLTAIRE.

Quand on désespère des remèdes destructeurs du vice, on emploie les palliatifs. J'ai donc bien fait d'égayer, de consoler & de faire traîner mes malades.

ROUSSEAU.

Méthode de Charlatan.

VOLTAIRE.

La Médecine n'est qu'une Science conjecturale.

ROUSSEAU.

En fermant une plaie, combien n'en avez-vous pas ouvertes ?

VOLTAIRE.

La tolérance étoit mon baume spécifique.

ROUSSEAU.

Prêchée par vous, elle a produit l'impunité.

VOLTAIRE.

La Religion mal entendue a causé bien des troubles.

ROUSSEAU.

Elle a prévenu bien des crimes; elle a quelquefois fait le malheur des États;

mais la Religion proprement dite a toujours contribué à la félicité des particuliers. En voulant détruire le Culte, vous avez attaqué la Morale ; vous avez ébranlé ce que vous defiriez raffermir, & renverfé ce que vous vouliez édifier : on vous a lu, & on n'eft plus entré dans les Temples que par habitude, par refpect humain, par hypocrifie : le corps s'eft profterné, l'ame ne s'eft point élevée.

VOLTAIRE.

A votre avis, j'aurois dû paraphrafer votre Héloïfe, votre Émile, votre Difcours fur l'inégalité des Conditions, votre Contrat S***, & commenter vos L*** de la M****.

ROUSSEAU.

Il falloit rendre mes idées en beaux vers ; vous les faifiez à merveille. Dans vos vers, vous invitiez à penfer ; dans votre profe, vous féduifiez, ou vous révoltiez. Vous êtes peut-être le feul homme qui ayez souvent satisfait la raison des hommes en leur parlant le langage des Dieux.

VOLTAIRE.

Mais j'ai vu des vers de vous : ils sont agréables.

ROUSSEAU.

Il ne faut que cela. Les vers ne doivent que plaire, & ne peuvent convaincre ; ils entraînent le sentiment : le raisonnement se roidit contre leurs charmes.

VOLTAIRE.

On ne vous a pas tant persécuté que moi.

ROUSSEAU.

C'est qu'on vous craignoit davantage.

VOLTAIRE.

Vous êtes flatteur.

ROUSSEAU.

Pas plus que je ne l'étois : vous m'avez mal saisi : je m'explique. La scholastique oppose des réponses à toutes les difficultés qu'on élève en Théologie. Vous n'avez jamais eu l'argument bien redoutable. Mais la plaisanterie, vous en avez joué comme d'une épée à deux tranchans. Vous avez plus empiété sur le domaine des Gens d'Église, que sur leur autorité. Vous avez plus ridiculisé les Livres de la Loi, que vous n'avez combattu les Dogmes. Votre acharnement a nui à votre cause, & vous n'aimiez pas vos Cliens. Je chérissois les hommes; je les croyois nés bons, mais pervertis : je voulois les rendre meilleurs. J'ai toujours regardé la Religion comme le moyen le plus simple d'arriver à mon but. Tous les régimes ont leur principe dans le gouvernement Théocratique ; & si j'ai tenu pour les Républiques, c'est que les membres du corps Souverain le représentent plutôt par leurs vertus que par leurs vices dans les constitutions populaires.

VOLTAIRE.

Mais quel fut donc le prix des éloges pompeux
Que vous fîtes des Loix qui fascinoient nos yeux?

Riant de vos travers, chantant votre musique,
La France vous plaignit, & vous crut frénétique.
J'ai vu les deux partis contre vous conjurés,
Les cachots entr'ouverts & vos fers préparés ;
Le Parlement, * * * * *, & la Cour & la Ville,
N'ont-ils pas censuré votre garçon Émile ?
Je vous ai vu fêté, puis proscrit tour-à-tour,
Aux lieux que vous nommiez objets de votre amour :
Vous vécûtes errant, loin de votre patrie.

ROUSSEAU.

Par les persécuteurs l'âme n'est point flétrie :
Je dois plus à mes maux qu'à mes félicités,
Et mon cœur s'épura dans les adversités.
J'étouffai dans mon sein les passions rivales ;
Même en les méprisant j'animai les cabales :
Les vices des vertus sont souvent les ressorts.
D'un peuple inconséquent j'approuvai les efforts,
Quand des Auteurs jaloux, tourmentés par l'envie,
Jetoient les fondemens de l'Encyclopédie.
La flamme du Génie a pâli sur leur front :
   Oui, le François rougit d'être profond.

VOLTAIRE.

Malgré mes ennemis j'eus des loisirs tranquilles ;
Je vous offris souvent d'honorer mes asyles.
On a vu diviser l'empire des Césars ;
Nous eussions partagé le trône des beaux Arts.

ROUSSEAU.

Je ne vous aimois pas.

VOLTAIRE.

C'est un aveu farouche.

ROUSSEAU.

Peut-être qu'à regret il échappe à ma bouche ;
Mais c'étoit bien assez que de vous admirer,
Sans tromper avec vous ceux qu'on doit éclairer.

VOLTAIRE.

Vous n'auriez jamais cru mon amitié sincère.
N'avez-vous pas rougi des dons de l'Angleterre ?
L'homme compatissant & l'ami généreux,
Y lut avec douleur le soupçon dans vos yeux :
Vous en repentez-vous ?

ROUSSEAU.

Un peu d'inquiétude,
D'un monde corrompu la dégoûtante étude,
Ont renversé dans moi tout espoir de bonheur ;
Et j'ai cru qu'il n'étoit qu'au fond de notre cœur :
J'ai fui mes partisans.

VOLTAIRE.

Le plus touchant des hommes
Devoit nous estimer, foibles, tels que nous sommes,

L'orgueil a prévalu ; vous naquîtes trop fier,
Et moi j'étois trop vain. Convenons-en, mon cher ;
Vous étiez Diogène, & j'étois Eroftrate ;
Vous fûtes Scipion, & j'étois Mithridate :
Par des chemins divers nous marchions aux fuccès :
Je franchis les hauteurs ; vous paffiez les marais ;
Je fis des Sectateurs, & vous des Fanatiques ;
Vous eûtes des Cenfeurs, & jamais de Critiques.
Je foulois mollement les tapis de Platon ;
Vous, d'un cynique outré vous aimiez le haillon :
Et Copifte à Paris, & Licurgue à Genève,
Vous fûtes un Adam avec fa compagne Eve ;
D'abord favorifé des dons du Créateur,
Puis traité fans pitié par le Flagellateur.
Soyons amis, Rouffeau, c'eft moi qui t'en convie.
Eh bien, que penfes-tu de ta nouvelle vie ?

ROUSSEAU.

Ce monde me plaît mieux : plus de tien, plus de mien ;
Mon âme eft à fon aife & n'a plus de lien ;
Dans mon cœur attiédi la paffion s'énerve.

VOLTAIRE.

L'éternité m'effraie, elle amortit ma verve ;
Eft-ce-là le néant ?... Sommes-nous tous égaux ?...
Il faut donc exifter fans prôneurs, fans rivaux.
Que de privations offertes à la gloire,
Sans favoir fi l'on vit au Temple de Mémoire !

ROUSSEAU.

Qu'importe, avec le temps mille autres disparus ;
Ont eu des noms éteints & des lauriers perdus.
Du tourment de sentir le trépas nous délivre :
Mourir n'est, je l'ai dit, que commencer à vivre.
Sans haine, sans amour, exempts de tous les maux
Qu'entraînent avec eux les germes végétaux,
Que la vertu là-haut combatte avec le crime,
Dieu se perd dans l'espace, & l'homme dans l'abyme.
Hélas! Dieu juste & bon, pour un Être fini,
Peut-il punir encor celui qui l'a béni ?

PORTRAIT
D'AROUET DE VOLTAIRE.

AVARE au sein des richesses, indigné contre les Critiques, comblé des louanges de l'Europe, poursuivi par les Loix, adoré par les Juges, honoré par les Souverains, même en éprouvant leur disgrâce; Poëte & Prosateur hardi & heureux, il eut plus de connoissances que de justesse, plus de brillant que de mérite solide, moins de science que de goût, plus d'adresse que de prudence, plus de gloire que d'estime; enfin, personne ne fut son égal, quoique parmi les Anciens & les Modernes il ait eu son supérieur dans tous les genres de Littérature: son imagination fut la rivale du Génie.

M. Delafortelle

www.ingramcontent.com/pod-product-compliance
Lightning Source LLC
Chambersburg PA
CBHW061522040426
42450CB00008B/1751